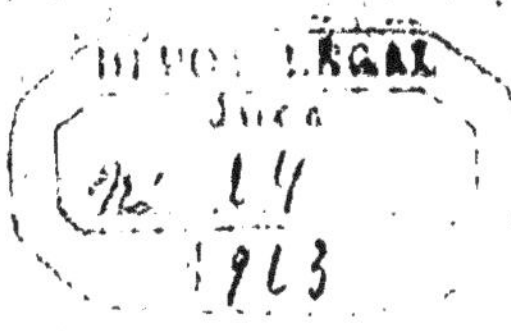

COMPTES RENDUS

du

Xᵉ Congrès

de

l'Union Mutualiste du Jura

et du

VIᵉ Congrès

de

l'Union

des

Sociétés Agricoles du Jura

TENUS A ARBOIS

Les 6 et 7 Août 1921

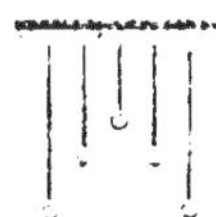

LONS-LE-SAUNIER

IMPRIMERIE ET LITHOGRAPHIE L. VERPILLAT

1922

COMPTES RENDUS

du

Xe Congrès

de

l'Union Mutualiste du Jura

et du

VIe Congrès

de

l'Union

des

Sociétés Agricoles du Jura

TENUS A ARBOIS

Les 6 et 7 Août 1921

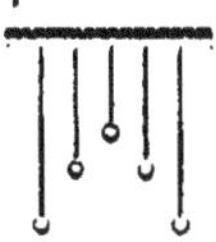

LONS-LE-SAUNIER

IMPRIMERIE ET LITHOGRAPHIE L. VERPILLAT

1922

Congrès Mutualiste et Agricole du Jura

des 6 et 7 Août 1921

Sous la Présidence de M. PUIS,
Sous-Secrétaire d'État à l'Agriculture

COMITÉ D'HONNEUR ET DE PATRONAGE

MM.

Le Ministre de l'Assistance et de la Prévoyance sociale.

GUILLEMAUT, Préfet du Jura.

Les Sénateurs et Députés du Jura.

Les Conseillers généraux.

BALTIÉ, sous-préfet de Poligny.

PORTES, délégué au Conseil supérieur de la mutualité.

RÉGNIER, inspecteur général de l'agriculture.

NICOLAS, délégué au Conseil supérieur de la Mutualité.

PLISSONNIER, président de l'Office régional agricole de l'Est.

GAUTHIER Nicolas, président de l'Union Mutualiste du Jura, maire de Molinges.

GAUTHIER Félicien, président de l'Union des Sociétés Agricoles du Jura.

GRABY, maire d'Arbois.

COMITÉ D'ORGANISATION

Président d'honneur : M. EMILE GRABY.
Président : M ARSÈNE LAURIOZ.
Vice-Présidents : Mlle VUIDEPOT, MM. RIONDET, LÉCHINE.
Secrétaire général : M. CH. BRUNE.
Secrétaire adjoint : M. TOURNIER.
Trésorier général : M. CH. TRÉHAND.
Trésorier-adjoint : M. GASTON FOURNIER.
Membres : MM. LASCOUX, LACHOT, GUYOT, Dʳ LEFORT, ANDRÉ DEJEAN de ST-MARCEL, CH NICOLAS, BOUILLET.

PROGRAMME GÉNÉRAL DU CONGRÈS MUTUALISTE D'ARBOIS

Samedi 6 Août 1921

Xᵉ CONGRÈS DE L'UNION MUTUALISTE DU JURA

A l'École des Filles

A 10 heures, réunion du Bureau de l'Union Mutualiste.

A 13 heures 30, ouverture du Congrès, sous la Présidence de M. Nicolas Gauthier, président de l'Union Mutualiste du Jura.

Réunion dans les Commissions

VIᵉ CONGRÈS DES SOCIÉTÉS AGRICOLES

Au Collège Pasteur

A 10 heures 30, réunion préparatoire dans les Commissions.

A 13 heures 30, ouverture du Congrès sous la présidence de M. Félicien Gauthier, président de l'Union des Sociétés agricoles du Jura.

Réunion dans les commissions.

Au Théâtre

A 15 heures, Assemblée générale, lecture et discussion des rapports.

A 20 h. 15, Conférence publique par M. Régnier, inspecteur général de l'Agriculture.

Dimanche 7 Août

A l'Hôtel-de-Ville

De 7 heures à 9 heures, salle de la Justice de Paix, élection du bureau de l'Union mutualiste et de la Caisse de Réassurance.

A 7 heures, salle du vote, assemblée générale de la Caisse de réassurance.

Au Théâtre

A 8 heures, Assemblée générale du Congrès mutualiste, lecture et discussion des rapports.

A 11 heures 30, au théâtre, Conférence publique par M. Victor Bérard, sénateur du Jura.

A 12 heures 30, au collège Pasteur, grand Banquet officiel sous la présidence de M. Puis, sous-secrétaire d'Etat à l'Agriculture.

COMPTE-RENDU DU Xᵉ CONGRÈS DE L'UNION MUTUALISTE DU JURA

Conseil d'Administration

MM.

Président : Nicolas GAUTHIER, à Molinges
Vice-Présidents : MOLITOR, à Lons-le-Saunier, BOICHUT, à Dôle et DAVID, à Champagnole.
Secrétaire Général : MAUBOUCHÉ, à Montmorot.
Trésorier : BLANCHARD, à Lons-le-Saunier.
Trésorier-adjoint : ROBERT, à Lons-le-Saunier.
Secrétaire de Séance : KOPP, à Lons-le-Saunier.
Administrateurs : MATHON, BONIN, DUHEM à Lons-le-Saunier ; BENOIT-GONIN Jules, à Septmoncel ; DESSERTINE, JANVIER, BICHET Dauphin, MERMET, à St-Claude ; PROST aux Rousses ; DIÉBOLD à Poligny ; NICOLAS, à Arbois ; PICHEGRU, à Champagnole ; ROUGET, à Salins ; BALLAUD, à Tassenières ; BOICHUT, à Dôle ; BEAUCAIRE, à Montbarrey ; MONNERET, à Morez ; BOUILLET, à Moirans ; DALLOZ, à Villard-St-Sauveur.

CONSEIL D'ADMINISTRATION DE LA CAISSE DE RÉASSURANCE

MM.

Président d'honneur : GAUTHIER, à Molinges.
Président : BICHET Dauphin, à St-Claude.
Vice-Président : DAVID Gédéon, à Champagnole.
Secrétaire : MICHAUD Louis, à St-Claude ;
Secrétaire-adjoint : BOULAND Aimé, à St-Claude.
Trésorier : LUGAND Pierre, à St-Claude.
Trésorier adjoint : COMOY Charles, à St-Claude.
Administrateurs : BONIN, à Lons-le-Saunier ; DIEBOLD à Poligny ; UNY Alphonse, à Lons-le-Saunier ; BENOIT-GONIN Jules, à Septmoncel ; REGAD Adonis, à Septmoncel ; ARBEZ Gaston, à Chaumont, ROUGET Henri, à Salins.

Commission de Contrôle

GRÉGOIRE Prosper, à St-Claude ; PERNIER Fernand, à Chaumont ; MILLET Louis, à Molinges ; GOUJON Charles, à Avignon.

Sociétés adhérentes à l'Union

(Les noms en caractères gras indiquent les Sociétés qui ont adhéré
au Congrès d'Arbois)

1° *Sociétés approuvées*

Siéges des Sociétés	Noms des Sociétés
1 **Arbois.**	**Union des Travailleurs.**
2 —	**Scolaire de Secours Mutuels et de Retraites du Canton.**
3 —	Sapeurs-Pompiers.
4 Arinthod.	Scolaire de Secours Mutuels et de Retraites du Canton.
5 Avignon.	Sapeurs-Pompiers.
6 Balanod.	Secours Mutuels.
7 Beaufort.	Scolaire de Secours Mutuels et de Retraites du Canton.
8 Bellefontaine.	Sapeurs-Pompiers.
9 **Bois-d'Amont.**	**Secours Mutuels.**
10 —	Scolaire de Secours Mutuels et de Retraites
11 Cesancey.	La Prévoyante.
12 **Champagnole.**	**Sapeurs-Pompiers.**
13 —	**Ouvriers des Usines Dalloz.**
14 —	Union Fraternelle des Anciens Elèves des Ecoles Communales.
15 —	**Scolaire de Secours Mutuels et de Retraites du Canton.**
16 —	La Mutuelle Gymnique.
17 —	La Fraternelle de l'Harmonie municipale
18 Charchilla.	Sapeurs-Pompiers
19 —	Scolaire de Secours Mutuels et de Retraites
20 **Chaumont.**	**Scolaire de Secours Mutuels et de Retraites de Tressus-Chaumont.**
21 Chaussin.	Société Agricole de Secours Mutuels.
22 Chaux-des-Crotenay.	Sapeurs-Pompiers
23 Chaux-du-Dombief.	Sapeurs-Pompiers.
24 Clairvaux.	Scolaire de Secours Mutuels et de Retraites du canton.
25 —	La Mutuelle Clairvalienne.
26 Coiserette	Scolaire de Secours Mutuels et de Retraites
27 Conliège.	Scolaire de Secours Mutuels et de Retraites du canton.
28 —	Société de Saint-Vernier.
29 Courbouzon.	Sapeurs-Pompiers.
30 Cousance.	La Solidarité.
31 Crenans.	Secours Mutuels.
32 Cressia.	Sapeurs-Pompiers.
33 Cuttura.	Sapeurs-Pompiers.
34 —	Scolaire de Secours Mutuels et de Retraites

SIÉGES DES SOCIÉTÉS	NOMS DES SOCIÉTÉS
35 **Damparis.**	**Ouvriers et Employés de l'Usine Céramique.**
36 Deschaux.	Secours Mutuels du Deschaux et de Villers-Robe t.
37 Dôle.	**Les Amis de l'Ordre et du Travail.**
38 —	Caisse de Secours et de Retraites des Sapeurs-Pompiers.
39 —	Mutualité Maternelle.
40 —	Société des Voyageurs, Représentants et Employés de Commerce et de l'Industrie de l'arrondissement de Dôle.
41 —	1 153e section des Vétérans.
42 Essia.	Sapeurs-Pompiers « La Concorde ».
43 Etival.	Sapeurs-Pompiers.
44 **Foncine-le Haut.**	**La Mutuelle de l'Usine Dalloz.**
45 Foucherans.	Secours Mutuels des Sapeurs-Pompiers.
46 Gevingey.	La Prévoyante.
47 Gigny.	Scolaire de Secours Mutuels et de Retraites
48 —	Sapeurs-Pompiers.
49 Jeurre.	La Saint-Léger.
50 Lajoux.	La Prévoyante Scolaire.
51 —	Sapeurs-Pompiers.
52 La Pesse.	La Pesserande.
53 Lavans-les-St-Claude.	La Fraternelle.
54 —	La Familiale des Sapeurs-Pompiers.
55 —	La Mutuelle du Cercle.
56 Lect (sect. de Vouglans)	Scolaire de Secours Mutuels et de Retraites
57 Longchaumois.	Scolaire de Secours Mutuels et de Retraites
58 Longwy.	La Saint-Laurent.
59 **Lons-le-Saunier.**	**Secours Mutuels**
60 —	**Des Instituteurs et des Institutrices du département.**
61 —	Des Médecins du département.
62 —	Société de Secours Mutuels des Ouvriers Fromagers et laitiers de la région de l'Est.
63 —	**Les Cantonniers du Service Vicinal.**
64 —	**Les Travailleurs.**
65 —	**Sapeurs-Pompiers.**
66 —	Scolaire de Secours Mutuels de la Ville de Lons-le-Saunier.
67 —	Amicale Lédonienne des Voyageurs et Représentants de Commerce.
68 —	**Caisse de Réassurance de l'Union Mutualiste.**
69 —	Société de Secours et Protection des Employés de chemin de fer.
70 Meussia.	Sapeurs-Pompiers dite « La Fraternelle »
71 —	Scolaire de Secours Mutuels et de Retraites l'« Abeille ».
72 Moirans.	La Moirantine.
73 —	Scolaire de Secours Mutuels et de Retraites

Sièges des Sociétés	Noms des Sociétés
74 Molinges.	La Bienne.
75 Molunes (Les).	La Molunoise.
76 Montbarrey.	Scolaire de Secours Mutuels et de Retraités du canton.
77 —	Les Enfants du Val d'Amour.
78 Montmorot.	Ouvriers des Salines de l'Est.
79 —	Sapeurs-Pompiers.
80 Morbier.	Union des Travailleurs.
81 —	Mutualité Scolaire.
82 Morez.	Mutuelle de l'Harmonie Municipale.
83 —	Secours Mutuels.
84 —	Anciens Elèves de l'Ecole pratique de Morez.
85 —	Scolaire de Secours Mutuels et de Retraites
86 Nozeroy.	Scolaire de Secours Mutuels et de Retraites du canton.
87 Onoz.	Mutualité Scolaire et Forestière.
88 Orchamps.	Secours Mutuels.
89 Planches-en-Montagne	Scolaire de Secours Mutuels et de Retraites du canton.
90 Plasne.	Société des Sapeurs-Pompiers.
91 Poligny.	Société des Sapeurs-Pompiers.
92 —	Les Amis Réunis.
93 —	Scolaire de Secours Mutuels et de Retraites du canton.
94 —	Union des Travailleurs.
95 —	Société de l'Harmonie municipale.
96 Pont-de-Poitte.	Association Fraternelle des Travailleurs
97 Pratz.	Sapeurs-Pompiers.
98 Pupillin.	Les Vignerons.
99 Rahon.	La Rahonnaise.
100 Ranchot-Monteplain	Secours-Mutuels.
101 Revigny.	Sapeurs-Pompiers.
102 Rousses (Les).	Secours Mutuels.
103 Ruffey.	Sapeurs-Pompiers.
104 Saint-Amour.	Secours Mutuels.
105 —	Sapeurs-Pompiers.
106 Saint-Claude.	Sapeurs Pompiers.
107 —	La San-Claudienne de Bon-Secours.
108 —	La Solidarité ouvrière.
109 —	Anciens militaires de la Marine et des Colonies.
110 —	Anciens Chasseurs à pied.
111 —	Scolaire de Secours Mutuels et de Retraites.
112 —	Secours Mutuels Suisse constituée entre étrangers.
113 —	Secours Mutuels Italienne constituée entre étrangers.
114 —	Anciens Militaires des Armées de Terre (cavalerie, artillerie, génie).
115 —	Pharmacie mutualiste.

Sièges des Sociétés	Noms des Sociétés
116 **Saint-Claude**	**Société Coopérative ouvrière diamantaire « Le Diamant ».**
117 Saint-Julien.	Société des Sapeurs-Pompiers.
118 —	Scolaire de Secours Mutuels et de Retraites du canton.
119 Saint-Laurent-du-Jura	La Grandvallière.
120 —	Sapeurs-Pompiers.
121 —	Scolaire de Secours Mutuels et de Retraites du canton.
122 Saint-Lot'ain.	Secours Mutuels.
123 **Saint-Lupicin.**	**Sapeurs-Pompiers.**
124 —	Les Enfants de Saint-Lupicin.
125 Saint-Pierre.	Sapeurs-Pompiers.
126 Saint-Maur.	Sapeurs-Pompiers.
127 **Salins.**	**Secours Mutuels de la ville.**
128 —	Scolaire de Secours Mutuels et de Retraites du canton.
129 —	107ᵉ section de la Protection Mutuelle du Foyer.
130 **Septmoncel:**	**Sapeurs-Pompiers.**
131 —	**La Septmoncelande.**
132 **Tassenières.**	**Secours Mutuels.**
133 Thervay.	Scolaire de Secours Mutuels et de Retraites
134 Valfin-les-St-Claude.	Sapeurs-Pompiers.
135 —	Scolaire de Secours Mutuels et de Retraites
136 Vaux-les-St-Claude.	Sapeurs-Pompiers.
137 Vercia.	Sapeurs-Pompiers.
138 Vernantois.	Sapeurs-Pompiers.
139 **Villard-St-Sauveur.**	**La Mutuelle.**
140 Villers-Farlay.	Scolaire de Secours Mutuels et de Retraites du canton.
141 Vincelles.	Sapeurs-Pompiers de Vincelles et Grusse
142 Viry.	La Virysane.
143 —	La Prévoyante.
144 Voiteur.	La Sainte-Agnès.

2° *Sociétés libres*

Sièges des Sociétés	Noms des Sociétés
1 Champagnole.	Les Ouvriers de la Maison Bouvet.
2 Conliège.	La Fraternelle de Saint-Vernier.
3 Molinges.	Les Enfants de la Bienne.
4 Saint-Claude.	Musiciens de l'Union San-Claudienne.
5 —	Mutuelle libre de la Maison du Peuple.
6 La Serre (près St-Claude)	Caisse des Retraites de la Société coopérative anonyme « Adamas ».
7 Saint-Claude.	La Mutuelle de la Coopérative « La Pipe »

Réunion du Bureau de l'Union Mutualiste à l'Ecole des Filles

le 6 Août 1921, à 10 heures du matin

Présents : MM. Blanchard, Bonin, Duhem, Kopp, Maubouché, Molitor, Blanc, David, Pichegru, Prost, Gauthier, président.

M. Kopp, secrétaire, donne lecture du procès-verbal de la réunion du bureau du 21 juillet 1921.

Cette lecture a fait l'objet de diverses observations dont il sera tenu compte.

M. Gauthier fait part d'une lettre de M le Directeur de la Caisse mutualiste centrale de Franche-Comté donnant divers renseignements, sur son fonctionnement et sur sa situation financière.

Le bureau prend acte de cette communication intéressante.

Le bureau s'occupe ensuite de l'organisation du Congrès en répartissant entre ses membres présents les rôles à remplir.

OUVERTURE DU CONGRÈS

*Sous la Présidence de M. GAUTHIER, Président
de l'Union Mutualiste du Jura*

La séance est ouverte le 6 Août, à 13 h. 30 du soir
M. Gauthier, prononce l'allocution suivante :

MESDAMES, MESSIEURS,

J'adresse un salut aux délégués qui ont bien voulu répondre à notre appel et déclare ouvert le Xe Congrès de l'Union Mutualiste du Jura.

Ma première pensée sera d'adresser un souvenir ému et nos vifs regrets à nos Collaborateurs dévoués du Bureau de l'Union que nous avons perdus depuis notre dernier Congrès des 23 et 24 août à Lons-le-Saunier.

M. Jeanperrin, notre regretté Inspecteur d'Académie qui a laissé le meilleur souvenir de son long séjour dans le Jura où il ne comptait que des amis. M. Jeanperrin était un de nos collaborateurs les plus dévoués.

M. Grandmottet Elie, conseiller général et Maire de Moirans emporté en quelques jours par une terrible maladie. Son extrême urbanité, son dévouement au bien public et en particulier son attachement aux œuvres mutualistes lui avaient attiré une universelle sympathie.

M. Régad Narcisse, membre du bureau de l'Union et en même temps trésorier depuis sa fondation de la Caisse de réassurance, a apporté dans cette dernière fonction si importante un soin, une ponctualité, un dévouement admirés de tous. C'était le modèle du bon mutualiste, simple, modeste autant que dévoué et que travailleur infatiguable.

M. Nachon, maire de Conliège, conseiller d'arrondissement, était aussi un Mutualiste très dévoué à nos œuvres ; il a laissé le souvenir d'un esprit droit, aux convictions ardentes et sincères, estimé de tous ceux qui l'ont connus.

M. Chavant, conseiller général de St-Julien, avait dans une région où la mutualité est encore peu développée, mis toute son ardente activité à encourager nos institutions mutuelles.

J'adresse aux familles de ces dévoués collaborateurs, au nom de l'Union Mutualiste, l'expression de nos vifs regrets et de notre profonde sympathie.

Je dois remercier la municipalité d'Arbois et le Comité d'Organisation de ce Congrès pour le zèle, l'activité qu'ils ont apportés dans cette organisation. C'est avec grand plaisir que les Mutualistes ont constitué le charmant décor de cette bonne Ville d'Arbois créé en notre honneur.

J'ai à vous présenter les excuses de notre dévoué secrétaire général, M. Robert, retenu à Lons par une grave maladie de sa femme.

Le Président donne ensuite connaissance d'une motion d'ordre déposé par un certain nombre de Sociétés de la Région de St-Claude, concernant le projet de loi sur les assurances sociales.

Pour donner satisfaction aux auteurs de cette mention, il propose de hâter le travail des Commissions pour permettre à 3 h. 1/2 la tenue d'une assemblée plénière qui discutera cet important projet. Après une intervention de M. Arsène Gros qui explique le but de cette motion et explique que les projets de loi devraient être tous étudiés ainsi, l'accord se fait sur la méthode de travail à adopter.

Une 2ᵉ proposition a été faite aussi concernant les modifications aux statuts de l'Union Mutualiste.

La discussion de cette proposition fait apparaitre de profondes divergences entre les membres du Congrès, mais comme chacun désire une entente de manière que la Mutualité sorte plus forte du Congrès, il est cherché un terrain d'entente. Trois membres désignés par l'Union mutualiste, MM. Duhem, David Gédéon et Blanchard et trois autres désignés par les Sociétés de St Claude, Faton Louis, Arsène Gros, Ch. Comoy se réunissent en Comité pour trouver un terrain d'entente.

Pendant ce temps, les Commissions fonctionnent.

A 16 heures, les travaux dans les Commissions sont terminés. La Commission d'études pour les modifications aux statuts donne le compte-rendu de sa réunion.

Procès-verbal

Après discussion, la Commission propose :

Art. 3 § 4

Chaque Société, filiale de Société, Service supérieur, adhérent à l'Union Mutualiste est représentée aux Assemblées générales par son président et un Délégué par fraction de 100 membres participants, avec un maximum de un mandat par franc de cotisation et fraction de franc de 0.50 et au-dessus.

Art. 10

Reste tel.

Sauf additions suivantes :

Pour être éligible, il faut être français, jouir de ses

droits civils et avoir été administrateur d'une Société de Secours Mutuels ou Service supérieur pendant 3 ans, et résolution suivante :

L'art. 10 reste, mais il est entendu qu'à ce Congrès les Sociétés, par arrondissement, présenteront une liste de Candidats pour constituer une liste commune. En cas de démission, départ ou décès d'un administrateur, les Sociétés de Secours Mutuels de l'arrondissement du parti, feront des propositions au bureau de l'Union pour son remplacement, et fixe comme suit le nombre des administrateurs :

Lons : 8 ; Dole · 3 ; Poligny : 5 ; St-Claude : 10.

Art. 12

Après chaque élection ordinaire, le Conseil forme son Bureau par l'élection d'un Président, 3 vice-présidents (un par arrondissement), un secrétaire-général, un secrétaire de séance, un trésorier et un trésorier-adjoint.

Art. 20

Mettre 6 mandats au lieu de 3.

Les Délégués du Bureau de l'Union exprimant le désir que les Sociétés dans les désignations des candidats tiennent compte des services rendus par les anciens administrateurs.

Les délégués : David, Duhem, Comoy, Blanchard, Gros, Faton.

Comme conséquence du changement des statuts, il est décidé qu'une liste commune et désignée par arrondissement composée de 26 membres serait proposée aux Congressistes pour le bureau de l'Union. Les délégués se répartissent alors par groupes et les sociétés des Arrondissements désignent leurs candidats, 8 pour Lons-le-Saunier, 10 pour St-Claude, 5 pour Poligny et 3 pour Dôle.

L'élection du Président aura lieu par les membres du Congrès comme précédemment, mais c'est le Conseil d'administration qui le désignera lorsqu'il devra être renouvelé.

Il est ensuite passé à l'étude du projet de loi sur les assurances sociales

M. Jeantet député, qui a eu à étudier la question dans une des commissions de la Chambre des députés, fait un exposé sur l'économie du projet dont il s'agit.

Les renseignements donnés par lui ont fort intéressé

tous les Mutualistes présents à la réunion et M. le Président le remercie au nom de l'Union mutualiste.

M. Faton déclare ensuite que ce projet est l'un des meilleurs, et des mieux étudiés ; il critique néanmoins certains points de détail Après une discussion très intéressante à laquelle prennent part MM. Faton, Ponard, Duhem, Berthod, Blanchard, Vernier, il est décidé que ces Messieurs se réuniront pour rédiger les vœux qui seront soumis à l'Assemblée générale de l'Union

PROGRAMME DES TRAVAUX

Ce programme comprend quatre questions à répartir entre quatre commissions chargées de les exposer, en voici l'énumération :

Première Commission en Assemblée Plénière

Assurances sociales : Proposition de loi soumise au Parlement

Deuxième Commission

Relations financières des Sociétés avec le corps médical et le corps pharmaceutique

Troisième Commission

Rôle de la Mutualité dans les questions d'hygiène sociale : logements insalubres, maternité, lutte contre la tuberculose. etc.

Quatrième Commission

Vœux divers

ASSEMBLÉE GÉNÉRALE DU CONGRÈS DE L'UNION MUTUALISTE

Sous la présidence de M. GAUTHIER, président de l'Union

Salle du Théâtre Municipal d'Arbois

La séance est ouverte le dimanche 7 août, à 8 heures du matin.

Sur l'estrade, à côté de M. Gauthier, président, prennent place MM. les Membres du bureau de l'Union Mutualiste.

Le Président ouvre la séance et donne successivement la parole aux rapporteurs des diverses commissions.

Première Commission en Assemblée plénière

Assurances sociales : Proposition de loi soumise au Parlement

PREMIÈRE RÉSOLUTION GÉNÉRALE

M. MOLITOR, rapporteur

Le Congrès de l'Union Mutualiste du Jura, sans entrer dans les questions de détail, constatant que le projet de loi d'assurance sociale actuellement soumis au Parlement est le plus consciencieusement conçu de tous ceux qui aient été élaborés jusqu'ici, qu'il répond à une nécessité sociale tellement urgente que la réalisation s'en impose ;

Donne son adhésion et émet le vœu que le Parlement le discute et le vote dans les moindres délais.

DEUXIÈME RÉSOLUTION

Le Congrès de l'Union Mutualiste du Jura exprime le désir que, dans la discussion de la loi, il soit tenu compte des vœux suivants :

1ᵉʳ Vœu. — Que les indemnités de toutes sortes : maladie, invalidité et vieillesse soient, pour les assujettis des 1ʳᵉ, 2ᵉ et 3ᵉ classe augmentées de façon à constituer approximativement leur salaire normal :

Que l'assurance-décès de ces mêmes classes soit portée pour la 1ʳᵉ à 500 fr. au lieu de 150, pour la 2ᵉ à 600 fr. au lieu de 300, pour la 3ᵉ à 700 fr. au lieu de 525 ;

Et que ces majorations soient entièrement à la charge de l'Etat.

2ᵉ Vœu. — Que, sur les bénéfices réalisés par les Caisses Régionales ou les Mutuelles qui en jouent le rôle, il ne soit versé à la Caisse générale de compensation, qu'un tiers, les deux autres tiers devant rester acquis aux organismes qui ont réalisé les bénéfices.

3ᵉ Vœu. — Que les assurés facultatifs faisant partie depuis trois ans au moins à la date de l'application de la loi d'une Société de Secours Mutuels ne soient pas assujettis à l'examen médical.

4ᵉ Vœu. — Que toutes les personnes ayant un revenu supérieur à 10.000 fr. puissent être assurés facultatifs, mais que l'Etat n'interviennent, pour leur attribuer les diverses indemnités prévues par la loi que le jour où leur situation modifiée les rangera dans la catégorie des assurés obligatoires ou des assurés facultatifs ayant un revenu inférieur à 10.000 fr.

5ᵉ Vœu. — Que les Sociétés de Secours Mutuels et Organismes mutualistes agréés par la loi pour assurer le service des indemnités maladie et vieillesse soient admises à assurer le service des indemnités invalidité.

6ᵉ Vœu. — M. Vernier demande que soit incorporé dans le projet de loi le dispositif ci-après comme correctif des art. 98 et 102 :

« Dans toute commune dans laquelle il existe ou « existera une Société de Secours Mutuels, l'assurance- « maladie au 1ᵉʳ degré, c'est-à-dire celle ne durant que 6 « mois au plus, sera effectuée par ladite Société, à la « condition qu'elle inscrive ses membres à une Caisse de « réassurance ou autre Caisse d'assurance invalidité et à « une Caisse d'assurance-vieillesse ».

Nota. — Ces vœux seront portés à la connaissance des rapporteurs de la loi dont il s'agit, aux députés et sénateurs du département et aux personnalités mutualistes.

Deuxième Commission

M. PONARD, rapporteur

L'ordre du jour comportait :

Relations financières des Sociétés avec le corps médical et le corps pharmaceutique.

Ordre du jour vague n'indiquant à la Commission aucune question précise à résoudre.

C'est de la discussion bénévolement ouverte que sont sorties quelques précisions, sur le travail qu'avait à faire la Commission.

En conséquence, la 2ᵉ Commission vous propose les résolutions suivantes :

1º Le Congrès Mutualiste du Jura invite les Sociétés adhérentes qui rayonnent autour d'un centre suffisamment important de constituer entre elles une union pour l'ouverture d'une pharmacie mutualiste propre de régler les prix de base des médicaments et à refréner les appétits des consortium de Pharmaciens cherchant à exploiter exagérément leur clientèle.

Pour cela, il émet le vœu que la loi soit modifiée et permette aux pharmaciens mutualistes la délivrance de médicaments à toutes personnes désirant s'y fournir et à tous les établissements publics : hôpitaux, bureaux de bienfaisance ou autres.

2º En ce qui concerne le corps médical proprement dit : Le Congrès constate avec regret que l'exercice de la médecine est devenu une simple affaire commerciale où la vie des malades dépend souvent de leur faculté de payer plus ou moins cher ou parfois de ne pouvoir payer le praticien appelé.

Il ne fait grief aux médecins dans l'âpre lutte pour la vie et le surcroît d'égoïsme individuel au milieu duquel la Société actuelle se débat, de songer à la défense de leurs intérêts.

Mais il estime que la vie humaine n'est pas une marchandise qui puisse être livrée à la merci d'une sorte de mercantisme.

Il émet le vœu que le corps médical soit érigé en service public national placé sous le contrôle de la collectivité, représenté par ses divers organismes : commune, canton, département ou région et vienne s'incorporer dans les lois d'assurance sociale actuellement en élaboration au Parlement.

En attendant la réalisation de cette solution, le Congrès signale à l'attention des organisations mutualistes, l'organisation médicale instituée à Limoge où par une entente entre les Mutuelles, les Organisations ouvrières syndicales et coopératives et la Commune, on est arrivé à rémunérer quatre médecins à appointements fixes et à les encourager en leur accordant un pourcentage selon le nombre de leurs visites sans que le médecin ait à s'occuper des questions d'argent le prix des visites et consultations étant récupéré par l'organisation elle-même.

Troisième Commission

Rôle de la Mutualité dans les questions d'hygiène sociale logements insalubres, maternité, lutte contre la tuberculose, etc.

M. MAUBOUCHÉ, rapporteur

1ᵉʳ Vœu

Logements insalubres. — Maternité. Lutte contre la tuberculose :

Dans chaque arrondissement, la Commission sanitaire fonctionne d'une façon régulière, la Commission insiste pour que les lois en vigueur soient strictement appliquées ou rendues applicables

Lorsqu'une cause d'insalubrité existe, les mutualistes de la Commune sont invités à faire auprès du Maire une démarche pour la faire cesser. Si le Maire n'intervient pas ils sont invités à faire connaître l'état de choses au Président de l'Union qui insistera auprès des pouvoirs publics.

2ᵉ Vœu

Trop souvent les docteurs ne font pas les déclarations réglementaires au décès, dans les cas de maladies à déclarations obligatoires. L'administration est priée de veiller à ce que ces déclarations soient faites.

3° Vœu

La Commission émet le vœu que la tuberculose soit classée d'urgence dans les maladies dont la déclaration par les médecins est obligatoire.

4° Vœu

(Vœu présenté par M. Boichut, de Dôle). Etant donné la pénurie de logements, la Commission demande à ce que les locaux inoccupés appartenant à l'Armée, aux Communes ou à l'Etat soient mis à la disposition des habitants civils.

5° Vœu

(Vœu de M. Dessertine). Que la Commission désignée pour examiner la question des logements à bon marché, qui n'a pas été réunie une seule fois depuis la nomination de délégué de la Mutualité, soit réunie pour faire du travail utile.

6° Vœu

(Vœu présenté par M. Berthod). Que la question de construction à bon marché soit reprise dans l'esprit du vœu de 1913.

Quatrième Commission

Vœux divers

Vœu présenté par M. Callier, société de Secours Mutuels de Lons-le-Saunier.

La Commission des vœux divers.

Considérant qu'avant la guerre l'Etat servait un intérêt de 4.5 % au lieu de 3.5 pour les sommes déposées par les Sociétés de Secours Mutuels à la Caisse des Dépôts et Consignations,

Considérant qu'aujourd'hui l'Etat consent à ses prêteurs un intérêt de 6 °/₀ net, qu'il y a lieu de rétablir au moins l'équilibre entre les Mutualistes et les souscripteurs d'emprunt :

Attendu que, grâce aux Sociétés de Secours Mutuels l'Etat a évité de grosses dépenses qu'entraîneraient les subventions à verser par lui au Bureau de bienfaisance, au Service de l'assistance médicale, etc... dont le bénéfice serait réclamé par les personnes qui ne profiteraient plus des avantages de la Mutualité Le Congrès émet le vœu que l'Etat serve aux Sociétés de Secours Mutuels pour les sommes déposées à la Caisse des Dépôts et Consignations, l'intérêt consenti aux souscripteurs du dernier emprunt national, soit 6 /₀ sous la réserve qu'en cas de conversion, l'intérêt serait réduit proportionnellement à cette conversion.

Vœu Maders de la Société de Secours Mutuels de Lons le-Saunier.

Vœu sur la Mutualité scolaire.

Le Congrès émet le vœu que les Sociétés scolaires de Secours Mutuels se mettent en rapport avec les Sociétés d'adultes pour établir le pont mutualiste de façon que les enfants restent des mutualistes et ne perdent pas les droits acquis pendant leur scolarité.

Il exprime le vœu que des mutualités d'adultes soient créées partout où il n'en existe pas en tenant compte des circonstances diverses et en particulier du groupement de la population.

Les rapports mis successivement aux voix et après discussion ont été adoptés par l'assemblée générale avec quelques amendements et additions.

M. Gauthier soumet ensuite à l'acceptation de l'Assemblée le projet de modification des statuts de l'Union Mutualiste dont le texte est donné ci-dessus dans le compte-rendu de la séance d'ouverture du Congrès.

Ce projet a été accepté par l'Assemblée générale.

M. Gauthier porte à la connaissance de l'Assemblée, le résultat du scrutin qui a eu lieu pour le renouvellement du bureau de l'Union qui est le suivant :

Nombre d'électeurs inscrits : 354.

Nombre de votants : 159.

Ont été élus :

MM.

BLANCHARD,	Lons-le-Saunier.	159	voix
BONIN,	—	159	—
DUHEM,	—	159	—
KOPP,	—	159	—
MATHON,	—	159	—
MAUBOUCHÉ,	Montmorot.	159	—
MOLITOR,	Lons-le-Saunier.	159	—
ROBERT,	—	159	—
BENOIT GONIN Jules,	Septmoncel.	159	—
BICHET-DAUPHIN,	Saint-Claude.	151	—
BOUILLET Jules,	Moirans.	158	—
DALLOZ Fernand,	Villard-St-sauveur.	159	—
DESSERTINE Guillaume,	Saint-Claude.	127	—
JANVIER Jules,	—	158	—
MERMET Alfred,	—	156	—
PROST Victor.	Les Rousses.	159	—
DAVID Gédéon,	Champagnole.	159	—
DIEBOLD,	Poligny.	159	—
NICOLAS,	Arbois.	159	—
PICHEGRU,	Champagnole.	159	—
ROUGET Louis,	Salins.	159	—
BALLAUD,	Tassenières.	159	—
BOICHUT,	Dole.	159	—
BEAUCAIRE,	Montbarrey,	159	—
MONNERET.	Morez.	159	—

RAPPORT DU SECRÉTAIRE GÉNÉRAL

L'article 15 des statuts de l'Union Mutualiste du Jura confie au Secrétaire Général la mission de donner « un état des travaux accomplis et des résultats obtenus chaque année ».

M. Blanc, notre regretté Secrétaire Général, pour des raisons sérieuses n'a pas pu continuer d'en remplir les fonctions et il aurait certainement été mieux à même que nous pour accomplir la mission dont il s'agit, étant donné ses compétences au point de vue Mutualiste et aussi sa collaboration plus directe avec M. Gauthier, président.

Notre tâche dans la circonstance se trouve malheureusement facilitée en ce sens que pendant la guerre, étant donné la dispersion d'un grand nombre des Membres des Sociétés de Secours Mutuels, un très grand nombre de ces Sociétés n'ont pas pu fonctionner normalement et par suite, tous les services de l'Union Mutualiste ont pour ainsi dire été arrêtés.

Le bureau de l'Union pendant cette période agitée a pourtant cru devoir prendre certaines décisions que comportait l'état de guerre lors de ses réunions qui ont eu lieu notamment les 21 mai 1914, 23 décembre 1915, 7 mai 1916 et 10 janvier 1917.

Dans ces réunions, ce bureau a voté quelques sommes pour les œuvres de guerre de toutes natures notamment pour celle de secours aux prisonniers de guerre jurassiens,

Il a d'autre part cru devoir prendre part aux émissions financières nécessitées par la guerre et il s'est mis à la tête d'une souscription en faveur des régions dévastées.

Le Congrès Mutualiste qui devait avoir lieu à Arbois en 1914 a été forcément ajourné et d'accord avec la Municipalité d'Arbois, c'est seulement en 1921 que ce même Congrès a pu avoir lieu

Le Bureau de l'Union, après un examen attentif de la situation, a jugé en effet qu'il fallait attendre la reconstitution des Sociétés de Secours Mutuels avant de procéder à leur réunion en Assemblée Générale.

En somme, et pour nous résumer, l'Union Mutualiste pendant la guerre n'a pas pu remplir la mission qui lui incombait mais avec la situation actuelle, il lui sera possible de se mettre à nouveau à l'œuvre en traitant notamment pendant le Congrès d'Arbois les questions sérieuses soumises à cette occasion aux Mutualistes.

KOPP,

Secrétaire de séance.

UNION MUTUALISTE

*Situation au 1er Janvier 1921, présentée par
M. Blanchard, trésorier*

En Caisse au 31 décembre 1919	6.295	38
Cotisation, pour 1919, des Communes de Lons-le-Saunier, Saint-Claude Molinges, Vaux-les-St-Claude, Viry, Clairvaux, Pont-de-Poitte, les Rousses, Bois-d'Amont, Septmoncel, les Molunes, Champagnole, Lavans-les-St-Claude, Gevingey et Chaumont	119	»
Rentes	225	»
Subvention du Département	1.000	»
Cotisation de la Société de Secours Mutuels des sapeurs-pompiers de St-Lupicin	3	»
Intérêts des fonds déposés au compte-courant ...	314	12
Intérêts des fonds déposés à la Caisse d'épargne ..	0	52
Total ...	7.957	02

DÉPENSES :

Néant.

Reste en Caisse au 1er janvier 1921, non compris le titre de rente de 150 fr.	7.957	02

Cette somme se décompte ainsi :

En compte courant	7.728 09		
A la Caisse d'épargne	14 77	}	7.957 02
En Caisse	214 16		

Enfin M. Gauthier présente à l'assemblée M. Bérard, sénateur du Jura, lequel avec son amabilité coutumière, a bien voulu faire une conférence aux Mutualistes du Jura et aux nombreux assistants accourus pour entendre sa parole éloquente.

Voici le compte-rendu analytique de cette conférence donné par le journal l'*Union Républicaine du Jura*.

En 1913, dit M. Bérard, le docteur Bocard, qui fit une belle conférence lors du neuvième congrès mutualiste du Jura, a fait l'historique de la mutualité à travers les siècles ; il aurait pu remonter beaucoup plus haut, car depuis l'âge des cavernes, seuls ont été forts les groupes d'hommes dans lesquels on mettait en pratique, les principes de solidarité et de mutualité.

Elevant immédiatement la question, M. Victor Bérard montra par l'exemple récent de l'Allemagne et de la Russie, que les sociétés modernes d'où sont exclus les principes de mutualité sont vouées à la défaite et à la mort.

L'orateur fit alors un tableau largement brossé de l'Allemagne d'avant guerre, soumise entièrement à la volonté d'un kaiser qui régnait sans conteste sur des millions de sujets accoutumés à l'obéissance passive. A cette obéissance servile on s'était accoutumé en Allemagne, parce qu'on y voyait le moyen de conquérir le maximum de bonheur matériel. Cette discipline morale se renforçait encore par les éléments particuliers dus à la religion et à la culture scientifique orientées l'une et l'autre vers un but de domination générale.

Mais cet organisme puissant, établi par un empereur auquel tout était subordonné et asservi aux divers étages de la pyramide sociale, avait ses fissures et ses défauts. Dès 1919, le prince de Bulow avait remarqué que l'Allemagne manquait d'esprit politique et il avait aperçu que cette faiblesse amènerait la chute de l'édifice.

L'orateur fait remarquer que cet esprit politique ne manque pas en France et spécialement à Arbois, où l'on se rappelle de la vieille devise, devise d'indépendance et de fierté : « Nous sin tou tchefs ». Nous sommes tous chefs, mais cependant nous savons observer les disciplines nécessaires lorsqu'elles s'imposent à nous, non en vertu de dogmes, mais par la force de leur évidence et et de leur logique. C'est pourquoi, ainsi que le disait Renan, nous sommes reconnaissants à ceux qui prennent la peine de nous gouverner : nous demandons pourtant qu'ils laissent la plus grande liberté et les plus larges pouvoirs aux autorités locales, afin d'obtenir le maximum d'épanouissement de la démocratie française, qui a triomphé en 1918 par la mise en pratique de ses qualités essentielles d'initiative et de dévouement mutuel.

Aussi instructive que l'expérience allemande est l'expérience russe, expérience douloureuse. L'expérience allemande montre qu'il ne faut rien attendre de l'exagération de l'autorité ; l'expérience russe prouve qu'il ne faut pas davantage attendre quoi que ce soit d'événements surnaturels et de miracles. L'heure du mysticisme est passée : on ne doit pas s'en remettre du soin de dénouer des crises à on ne sait quels personnages surnaturels. La solution des difficultés, seuls peuvent la proposer des hommes conscients et forts

Dans cette ville d'Arbois qui vit naître le grand Pasteur, M Victor Bérard se devait de rappeler la mémoire du grand savant, gloire de l'Humanité ; Pasteur estimant qu'un homme ne devait pas seulement faire son chemin mais qu'il devait ouvrir le chemin aux autres. Et M. Bérard évoque les paysages jurassiens à l'époque où la neige recouvre les voies de communications d'une épaisse couche de ouate blanche. Il faut alors ouvrir le chemin avec la charrue à laquelle on attelle des bœufs puissants. La France, jusqu'ici, a fait le chemin de l'Humanité, elle doit le faire encore dans l'avenir, mais si tel est le rôle grandiose de notre patrie, il appartient dans une sphère plus modeste, aux Arboisiens de rappeler au monde que l'an prochain doit être fêté le centenaire de la naissance de Pasteur. Comment glorifier avec plus d'éclat le grand savant dont s'enorgueillit le monde, qu'en organisant dans sa ville natale la semaine de Pasteur. Ce serait là encore de la mutualité et de la meilleure, car si chacun doit être récompensé selon ses actes et selon son travail, il est des hommes tellement supérieurs que, devant eux, on peut seulement s'incliner avec un infini respect

Cette conférence fut vivement applaudie et M. Nicolas Gauthier interpréta le sentiment de tous les assistants en remerciant chaleureusement le distingué sénateur du Jura.

CAISSE DE RÉASSURANCE
de l'Union Mutualiste du Jura

RÉUNION DU CONSEIL D'ADMINISTRATION
Tenue à Lons-le Saunier le 1er Mai 1921

A l'issue d'une réunion du Bureau de l'Union Mutualiste et en présence des membres de cette Assemblée, le Président E. Saintoyant ouvre la séance.

Sont présents : E. Saintoyant, Benoît-Gonin, Diebold Jules, Bonin et Bichet.

Le Président fait part du décès de notre regretté Trésorier Narcisse Regad et il rappelle le rôle de celui-ci à la Caisse de Réassurance.

Trésorier dès la fondation, c'est à son dévouement sans bornes qu'est dû le succès de cette Société, il faut avoir vécu dans son intimité pour juger l'œuvre qu'il a accompli. Quoique sans connaissance spéciale de la comptabilité il l'établissait de telle façon que le contrôle de ses opérations se faisait rigoureusement et simplement.

La Caisse qui groupait à son début près de 2000 sociétaires lui demandait déjà un travail considérable, mais par la suite ce travail se compliqua de plus en plus et souvent par la faute des Administrateurs des Sociétés adhérentes qui lui envoyaient des cotisations sans état nominatif ou avec des états qui ne concordaient pas avec les précédents d'où un travail considérable pour le Trésorier ; à chaque erreur de versement il était obligé de correspondre avec le Trésorier, qu'importe rien ne le rebuta. Après quelques années de fonctionnement on le trouva, souvent le soir, son dur labeur achevé, en train de faire une statistique tantôt sur un sujet tantôt sur un autre Ou bien d'autres n'auraient vu que des chiffres représentant soit des recettes soit des dépenses, Regad guidé par le souci de la prospérité de l'œuvre à laquelle il s'était consacré et avec un véritable talent d'actuaire savait grouper ses chiffres de telle sorte qu'il faisait comprendre à tous ce qu'il y avait de défectueux dans le fonctionnement de l'Association. Il excellait surtout à dépister les malades ou plutôt les pseudos malades qui exploitaient la Caisse.

Dès qu'il inscrivait un nouveau malade il trouvait le moyen de connaître la durée possible de la maladie et il le suivait mois par mois avec les bulletins mensuels.

Pendant les 15 années où il remplit ses fonctions, il supprime les secours à 14 malades. Avant d'arriver à cette mesure de rigueur, il ne manqua jamais de s'assurer les renseignements les plus précis, car sa droiture presque ombrageuse n'aurait su s'accomoder d'injustice. Aussi on n'a jamais reçu de réclamations sérieuses après ces suppressions d'indemnité.

Le dévouement de Narcisse Regad devra être longtemps cité en exemple et puisse-t-il susciter le désintéressement nécessaire pour inspirer les continuations de son œuvre.

Le Bureau est chargé de présenter ses condoléances à Mme Regad.

Le Président donne connaissance de l'état financier au 31 Décembre 1920

RECETTES

Intérêts Caisse des Dépôts et Consignations..	1.094	28
Intérêts d'un titre de rente 5 °/₀...............	250	»
Subvention du département.	1.000	»
3 honoraires à 10 fr.................	30	»
1.747 cotisations à 2 fr......................	3.494	»
4 cotisations à 0 fr. 50.................	4	»
302 entrées à 1 fr........................	302	»
157 livrets à 0 fr. 25......................	37	50
Total des Recettes.....	6.211	78

DÉPENSES

1.905 journées de maladie à 1 fr.............	1.905	»
568 journées de maladie à 0 fr. 50............	284	»
Allocation du Trésorier.....................	300	»
Imprimés divers..............................	40	»
Frais d'Assemblée...........................	23	»
Frais de correspondance......................	15	45
Total des Dépenses..............	2.567	46

BALANCE

Avoir au 1er Janvier............................ 27.483 46
Recettes de l'année 1920..................... 6.211 78

Total........... 33.695 24

A déduire dépenses de l'année 1920.......... 2.567 46

Reste pour Avoir au 1er Janvier....... 31.127 78

DÉCOMPOSITION DE L'AVOIR

Capitaux placés à la Caisse des Dépôts et
    Consignations........................... 26.568 28
Un titre de rente 5 %...................... 4.400 »
En Caisse chez le Trésorier................ 159 50

Total de l'Avoir au 1er Janvier...... 31.127 78

Il est décidé que le Conseil d'Administration et la Commission de contrôle seront entièrement renouvelés dans une Assemblée Générale de la Caisse de Réassurance convoquée au Congrès d'Arbois.

    Le Président,   *Le Secrétaire,*
     E. SAINTOYANT.   D. BICHET.

ASSEMBLEE GÉNÉRALE TENUE A ARBOIS

le 7 Août 1921

La séance est ouverte à 8 h. 30 par le Président Ernest Saintoyant.

Les procès-verbaux des réunions tenues depuis le 1er Août 1914 au 1er Août 1916, ayant été réunis dans une brochure adressée à toutes les Sociétés, il est décidé de passer outre à cette lecture.

Il est donné lecture du procès-verbal de la réunion du 1er Mai 1921.

Ce procès-verbal est adopté, ainsi que le compte-rendu financier de l'année 1920.

La Commission de contrôle présente un rapport sur les opérations de la Caisse de Réassurance depuis 1914 jusqu'au 31 Juillet 1921.

L'exercice des 7 premiers mois 1921 se traduit ainsi :

RECETTES

Intérêts rente française......................	125 »
Subvention du département.................	1.000 »
Subvention de l'Etat.........................	69 »
1 795 cotisations à 1 fr......................	1.795 »
92 entrées à 1 fr.............................	92 »
100 livrets à 0 fr. 25........................	25 »
Total...........	3.106 »

DÉPENSES

Achat d'une couronne mortuaire............	120 »
Dépenses pour réunion Caisse de Réassurance	40 90
Allocations du Trésorier (1er semestre 1921)...	150 »
Indemnités de maladie (590 jours à 1 fr.)......	590 »
Indemnités de maladie (242 jours à 0 fr. 50)...	121 »
Achat de carnets.............................	5 »
Frais de gestion.............................	18 95
Total...........	1.045 85

BALANCE

Avoir au 1er Janvier........................	31.127 74
Recettes du 1er Janvier au 31 Juillet 1921.....	3.106 »
Total...........	34.233 74
A déduire dépenses du 1er Janvier au 31 Juillet 1921...............................	1.045 95
Avoir au 31 Juillet 1921...........	33.187 79

Cette somme est décomposée comme suit :

Un livret de la Caisse des Dépôts et Consignations................................	28.468 24
Titres de rente 5 %........................	4.400 »
En caisse chez le Trésorier.................	319 65
Total...........	33.187 89

Ce compte-rendu financier est adopté, il est ensuite procédé à l'élection du Conseil d'Administration. Sont élus :

Conseil d'Administration

DAVID Gédéon..................................	35 voix
DIEBOLD......................................	35 —
BONIN	35 —
UNY Alphonse.................................	35 —
COMOY Charles...............................	35 —
LUGAND Pierre...............................	35 —
BICHET Dauphin..............................	35 —
BOULAND Aimé................................	35 —
MICHAUD Louis...............................	35 —
BENOIT GONIN Jules..........................	35 —
REGAD Adonis................................	35 —
ARBEZ Gaston................................	35 —
ROUGET Henri................................	35 —

Commission de contrôle

GREGOIRE Prosper............................	35 voix
PERRIER Fernand.............................	35 —
MILLET Louis................................	35 —
GOUGEON Charles.............................	35 —

Le nouveau Conseil procède à l'élection du Bureau. Sont élus par acclamation :

Président : BICHET Dauphin ;
Vice-Président : DAVID Gédéon ;
Secrétaire : MICHAUD Louis ;
Secrétaire-Adjoint : BOULAND Aimé ;
Trésorier : LUGAND Pierre ;
Trésorier-Adjoint : COMOY Charles ;

L'indemnité du Trésorier qui était précédemment de 300 fr. sera portée à 500 fr , celle du Secrétaire de 100 à 200 fr.

Le Président,   *Le Secrétaire de Séance,*

E. SAINTOYANT.   A. BOULAND.

Réunion de la Commission de Contrôle de la Caisse de Réassurance

La Commission de contrôle réunie à différentes reprises pour contrôler les opérations de la Caisse de réassurance, a eu sa dernière réunion le 31 juillet 1921.

Depuis le décès de notre camarade regretté Narcisse Regad, le service de la trésorerie a été assuré par le président SAINTOYANT Ernest.

La Caisse de réassurance n'ayant pas fonctionnée pendant la guerre, n'a repris ses services que le 1er juillet 1919.

Après avoir vérifié les écritures de la gestion de l'ancien trésorier, la commission a arrêté comme suit les opérations de la caisse de réassurance du 1er janvier 1915 au 30 septembre 1920.

DÉTAIL DES RECETTES

3032 cotisations à 1 fr.	3.032 »
13 — 0 fr. 50	6 50
311 entrées à 1 fr.	311 »
1 — à 0 fr. 50	0 50
2 cotisations d'honoraires 10 fr. l'une	20 »
2 — — 5 fr. l'une	10 »
169 livrets 0 fr. 25	42 25
Bénéfice sur libération d'un titre de rente française de 250 fr., emprunt 5 % 1915	37 50
Intérêts rente française du 6 novembre 1915 au 30 septembre 1920	1187 50
Intérêts des fonds placés à la caisse des dépôts et consignations (années 1915 à 1919)	4.251 38
Subventions du département	3 500 »
— l'État	1.500 »
TOTAL DES RECETTES	13.898 63

DÉPENSES

Remboursement de cotisations, entrées et livrets	199 50
Frais de trésorerie et contrôle	47 05
Frais de déplacement du Conseil d'administration	11 60
Imprimés divers	45 »
Indemnité de maladie. 1834 jours à 1 fr.	1 834 »
— 423 — 0 fr. 50	211 50
Allocations secrétaire et trésorier pour le 2e semestre 1919 et 1er semestre 1920	300 »
Total des dépenses	2.678 65

BALANCE DES ÉCRITURES

Recettes du 1er janvier 1915 au 15 septembre
1920.. 13.898 63
Avoir de la caisse de réassurance 1er janvier
1915 .... 18.353 58

Total.......... 32.252 21

Dépense à déduire.......... 2 678 65

Reste pour avoir au 30 septembre 1920........ 29.573 56

DÉCOMPOSITION DE L'AVOIR

Capitaux placés à la caisse des dépôts et
consignations.................................... 24.673 96
Un titre de rente française 5 % emprunt 1915. 4.400 »
En caisse chez le trésorier..................... 499 60

Total.......... 29.573 56

Opérations du 1er Octobre au 31 décembre 1920

RECETTES

Rentes françaises............................... 62 50
1135 cotisations à 1 fr....................... 1.135 »
8   —   0 fr. 50..................... 4 »
50 entrées à   1 fr .... 50 »
5   —   à   0 fr. 50..................... 2 50
26 livrets à   0 fr. 25...................... 6 50
Intérêts des fonds placés à la caisse des dépôts
et consignations (année 1920)............... 1.094 38

Total.......... 2.354 88

DÉPENSES

Semestre du trésorier (2e, 1920)............... 150 »
Remboursement de 2 cotisations à la Mutuelle
de Tressus-Chaumont............................ 2 »
Indemnités de maladie, 547 jours à 1 fr........ 547 »
194 —   0 fr. 50..... 97 »
Frais de correspondance........................ 4 70

Total.......... 800 70

BALANCE DES ECRITURES

Recettes du 1er octobre 1920 au 31 décembre 1920   2.354 88
Avoir à la caisse de réassurance au 1er octobre
1920....................................   29.573 56

   31.928 44

A déduire dépenses du 1er octobre 1920 au 31
décembre 1920...........................   800 70

     Reste pour avoir au 31 décembre 1920....   31.127 74

DÉCOMPOSITION DE L'AVOIR

Capitaux placés à la caisse des dépôts et consignations 26.568 24
1 titre de rente française 5 °/₀, emprunt 1915...   4.400 »
En caisse chez le trésorier...................   159 50

     Total de l'avoir au 31 décembre 1920.........   31.127 74

Opérations du 1er Janvier au 31 Juillet 1921

RECETTES

Rente française, intérêts.....................   125 »
Subvention du département..................   1.000 »
     —   de l'Etat...................   69 »
1795 cotisations à 1 fr......................   1.795 »
   92 entrées à   1 fr....................   92 «
100 livrets à   0 fr. 25....................   25 »

     Total des recettes..............   3.106 »

DÉPENSES

Achat d'une couronne mortuaire.............   120 »
Dépenses pour réunion de la caisse de réassu-
rance 40 90
Allocation trésorier (1er semestre 1921.........   150 »
Indemnités de maladie, 590 jours à 1 fr........   590 »
               242 jours à 0 fr. 50....   121 »
Achat de carnet............................   5 »
Achat de timbres, frais de gestion et de
correspondance 18 95

     Total des dépenses..........   1.045 85

BALANCE DES ÉCRITURES

Recettes du 1er janvier 1921 au 31 juillet 1929..	3.106 »
Avoir de la Caisse de réassurance au 1er janvier 1921	31.127 74
	34 233 74
A déduire dépense du 1er janvier au 31 juillet 1921	1.045 85
Avoir de la Caisse de réassurance au 31 juillet 1921	33.187 89

DÉCOMPOSITION DE L'AVOIR

Capitaux placés à la caisse des dépôts et consignations	28.468 24
Un titre de rente française 5 % emprunt 1915.	4.400 »
En caisse chez le trésorier	319 65
Total de l'avoir au 31 juillet 1921	33.187 89

La Commission de contrôle reconnaît la bonne tenue de la comptabilité et constate la belle situation de la caisse de réassurance.

En terminant, la commission de contrôle de la Caisse de Réassurance tient à adresser un hommage de reconnaissance à la mémoire de Narcisse Regad, le regretté trésorier de la Caisse de Réassurance et rappeler le dévouement qu'il a apporté à cette œuvre dont il était le trésorier depuis sa fondation.

Fait à St-Claude le 31 juillet 1921.

Les Membres de la Commission de Contrôle :

GRÉGOIRE Prosper,   COMOY Charles,
PERNIER Fernand.   BOULAND Aimé.

Rapport moral sur la situation de la Caisse au 1er août 1921

Ainsi que vous venez de voir par le rapport de la Commission de contrôle, la situation financière est excellente ; la caisse a un avoir de 33.187 fr. 89.

Il n'en est malheureusement pas de même de la situation morale, sur les 45 sociétés qui cotisaient en 1914, 21 seulement sont à jour de leurs cotisations, 6 sont démissionnaires, 18 ne paient plus.

Il sera donc nécessaire que le prochain Conseil d'administration fasse un gros effort pour ramener à la Caisse le plus grand nombre de Sociétés.

Le Président, E. SAINTOYANT.

COMPTE-RENDU DU VIe CONGRÈS
de l'Union des Sociétés Agricoles du Jura

Conseil d'Administration

Président : M. Félicien GAUTHIER, Conseiller général, à Saint-Claude.

Vice-Présidents
- MM. Henri-Louis DOSSMANN, à Lons-le-Saunier.
- MOLLARD, Conseiller général, à Chemin.
- FRIAND, Conseiller général, à Poligny.

Secrétaire général : M. JEUNET Camille, à Champagnole.

Secrétaire-adjoint : M. Charles BRUNE, vétérinaire, à Arbois.

Trésorier : M. Léon BAUDRON, à Champagnole.

Administrateurs

Arrondissement de Lons le-Saunier : MM. DOUAIRE, MOLITOR, CAILLON, CHEVILLOT, CULAS, JENOT, Ch. CENCELME, GAUTROT.

Arrondissement de Dole : MM. PETITJEAN, POINTAIRE, MICHAUD.

Arrondissement de Poligny : MM. Aimé BERTHOD, LASCOUX, ARPIN, CHAZERAND.

Arrondissement de Saint-Claude : MM. BARTHET, MORET-ES-JEAN.

L'Union des Sociétés Agricoles du Jura, tenait les 6 et 7 Août 1921, en même temps que l'Union Mutualiste, son congrès annuel. A 10 heures, réunion du bureau pour régler définitivement l'ordre du jour et trancher différentes questions d'ordre intérieur. A 13 heures 30, réunion du Conseil d'administration ; tous les membres du Conseil sont présents et les différents comités s'occupent de leurs missions. A 15 heures, assemblée générale au théâtre. Le président, M. Félicien Gauthier ouvre la séance en adressant à la mémoire du regretté Docteur Chapuis, Député du Jura, fondateur de l'Union, un souvenir ému, ainsi qu'à la mémoire des membres des sociétés adhérentes à l'Union, tombés au Champ d'honneur ; puis, en quelques mots, il exprime le vœu que ce Congrès, le premier depuis la guerre, soit fécond en résultats et resserre les liens entre les cultivateurs du Jura. M. Camille Jeunet, secrétaire général de l'Union, dans un rapport très documenté, donne le compte-rendu moral de la Société ; puis il traite une question brûlante d'actualité : l'amélioration du sort des vignerons d'Arbois, par l'adjonction à la culture de la vigne d'une culture normale. M. Arpin, d'Arbois, traite ensuite la question de la protection des vins classés et se fait l'écho des doléances des vignerons, ses camarades. Dans un long rapport, M. Douaire examine la situation de l'industrie animale dans le département et donne aux cultivateurs d'utiles conseils. M Simonot, son adjoint, lui succède et dans un remarquable exposé traite la question des chambres d'agriculture. Enfin, M. Mollard donne lecture de son rapport sur le remembrement et la motoculture. Tous ces rapports sont discutés avec la plus grande courtoisie, mais quelquefois avec beaucoup d'ardeur ; l'on sent bien que tous les auditeurs sont des cultivateurs qui, rentrés chez eux, ont à cœur de pouvoir rendre compte de leur mandat ;

A 20 heures 30, M. Régnier, Inspecteur général de l'Agriculture, chargé de la conférence, traite des améliorations à apporter à l'agriculture ; il est regrettable qu'un plus grand nombre de cultivateurs n'aient pu assister à cette éloquente causerie ; mais l'élite qui s'était donnée rendez vous saura faire la propagande nécessaire en faveur des excellentes idées émises par le distingué Conférencier.

BANQUET

Sous la présidence de M. PUIS, Sous-Secrétaire d'Etat

Compte-rendu donné par le Journal
l'Union Républicaine du Jura

Dimanche, à midi 1/2, sous le préau du Collège Pasteur, agréablement paré, le traditionnel banquet réunissait plus de 300 convives.

A la table d'honneur avaient pris place aux côtés de M Puis, sous-secrétaire d'Etat qui présidait : M. Graby, maire d'Arbois ; M. Guillemaut, préfet du Jura ; MM. Bérard, Brocard, sénateurs ; MM. Charles Dumont, Bouvet, Jeantet et Ferraris, députés ; MM. Régnier, inspecteur général de l'Agriculture, Baltié, Barré, Sarraute, sous-préfets ; Nicolas Gauthier, président de l Union Mutualiste ; Daudon, secrétaire général de la Préfecture ; Lauriot, président de l'Union des Travailleurs ; Félicien Gauthier, président de l'Union des Sociétés agricoles ; Roberet, vice-président du Conseil de Préfecture ; le délégué de l'Union Mutualiste du Doubs, des Conseillers généraux et d'arrondissement, etc.

Le menu très bien composé et excellemment préparé fut servi par les soins de M. Arnoux, de l'hôtel Lyon, à Dôle.

Le service fut parfait. Pendant toute la durée du repas, la musique militaire charma les convives par l'exécution de ses meilleurs morceaux. Honneur aux excellents musiciens du 44° et à leur dévoué et distingué chef, M. Mayot.

Le mousseux commence à pétiller dans les verres, lorsque M le Préfet se lève. Il dit que le département du Jura bien qu'occupant le 75° rang par le chiffre de sa population s'est classé le 4° au point de vue mutualiste. Il souligne l'activité qui a été déployée par les habitants de nos campagnes pour développer les associations agricoles, œuvre qui sera complétée pour le plus grand profit des améliorations sociales. Il termine en portant la santé de M. Alexandre Millerand, président de la République.

M. Graby, maire d'Arbois, lui succède, il remercie tous ceux qui ont contribué au succès de la fête et en particulier M. Brune, secrétaire général du Comité d'organisation dont le dévouement a assuré l ordonnance parfaite de tout le programme, puis il salue les invités et boit au développement de la mutualité, de l'agriculture et à l'union toujours plus étroite et plus féconde de tous les français.

M. Nicolas Gauthier vient à son tour apporter le tribut de sa reconnaissance à ceux qui l'ont aidé dans sa tâche, puis il remercie le sympathique sénateur Victor Bérard de la magnifique conférence du matin.

Il souligne l'intérêt que présentait cette année le Congrès mutualiste surtout par l'étude de la question des assurances sociales qui sont appelées à effacer toutes les dissensions en réalisant un grand progrès en matière sociale. Il assure que les mutualistes jurassiens sauront s'adapter à cette loi et lui donneront leur collaboration entière.

M. Félicien Gauthier, président de l'Union Agricole, adresse lui aussi ses remerciements à la ville d'Arbois, à son Maire, aux Membres du Comité d'organisation, et en particulier au dévoué secrétaire général, M. Brune, à l'éloquent conférencier M. Régnier, puis il se félicite d'avoir en face de lui, le ministre de l'agriculture, il en profitera pour lui signaler les vœux émis par le congrès et notamment en faveur de la création des chambres d'agriculture. Il propose enfin de boire au paysan de France, cultivateur ou vigneron, qui en remuant la terre dans les tranchées a gagné la guerre et qui en travaillant méthodiquement la bonne terre française, contribuera au relèvement économique du pays et gagnera la paix.

M. Bouvet, député, remercia M. Puis d'être venu apporter les sympathies du gouvernement aux mutualistes du Jura et il rappela de vieux souvenirs historiques pour montrer que les Arboisiens ont toujours été republicains Il ajouta que c'est dans l'arrondissement de Poligny que sont nées les sociétés de crédit agricole dont le trésor est si grand maintenant, et il conclut en affirmant que le Jura est foncièrement mutualiste et syndicaliste.

M. Charles Dumont, en une allocution vibrante, dans laquelle s'alliaient agréablement l'humour et une délicate poésie, demande à M. le sous secrétaire d'Etat de bien vouloir autoriser, comme il fut fait en

1893, la pâture dans les coupes de 2 ou 3 ans Il demanda également pour les vignerons l'autorisation de couper des échalas dans les forêts moyennant une modeste redevance.

Mais, poursuivit l'orateur, nous n'avons pas ici uniquement des revendications à présenter, nous avons des résolutions à prendre. Devant la nature souvent marâtre et mauvaise, nous devons nous unir pour nous entr'aider, nous pouvons le faire tout en conservant pleine et entière notre liberté de penser ; une idée commune nous unira toujours ; c'est le respect de la liberté d'autrui et l'amour de la patrie.

Si vives que soient dans ce département et dans cette région les luttes politiques, nous savons les oublier quand il le faut : c'est ce que nous avons fait en 1914 ; le 7ᵉ corps, il importe de le dire, a su protéger efficacement nos frontières et sauver la Franche-Comté de l'invasion.

Cette union, nous la conservons pour poursuivre l'œuvre de paix, et les mutualistes du Jura ont prouvé que tels étaient encore leurs sentiments en réélisant, comme président, M. Nicolas Gauthier à la quasi-unanimité des suffrages. Tous, modérés, avancés ou radicaux, ont voté pour M. Nicolas Gauthier, un vieux radical et cette union ainsi manifestée en ce jour est un symbole des belles vertus de notre race.

Après avoir remercié les organisateurs de cette belle fête, M. le sous-secrétaire d'État à l'agriculture poursuivit en ces termes :

Je sais que je parle dans une région qui est le cœur même de la France républicaine, et où le culte de la liberté et les souvenirs de la Révolution sont peut-être plus vivants qu'ailleurs. Ainsi messieurs, pour toutes ces raisons, et pour bien d'autres encore, j'envoie mon salut cordial et vibrant au département du Jura et à la charmante commune d'Arbois, qui en résume toutes les qualités et tous les attraits.

Votre pays a d'autres titres à l'attention et à la gratitude des pouvoirs publics. Il ne produit pas seulement un vin glorieux ; il fut le premier qui vit fonctionner l'organisation du crédit agricole, qui est devenu, on peut le dire, l'âme même de l'agriculture, l'instrument le plus précieux de ses progrès. Je tiens à le rappeler, c'est dans l'arrondissement de Poligny, que des hommes d'initiative, d'intelligence et de grand cœur, au nombre desquels se trouvait votre père, mon cher collègue, fondèrent, il y a quarante ans, dix ans avant la loi votée par le Parlement, la première caisse de crédit agricole. Depuis, le Jura est resté une des forteresses, si je puis ainsi m'exprimer de l'association et la mutualité. Vous avez compris, comme vos voisins de Suisse, comme vos compatriotes de Savoie, les incomparables bienfaits que l'on peut attendre, en matière agricole, de la coopération et de l'union, non seulement pour le secours mutuel, mais encore et surtout pour le perfectionnement et le développement des cultures, pour l'adaptation de la production agricole aux conditions du marché économique. Le congrès mutualiste et agricole, qui vient de tenir ses assises, après une longue interruption due à la guerre, montre d'une manière éclatante la solidité de l'œuvre accomplie et la vitalité de vos sociétés de secours et de vos syndicats agricoles. Vous donnez ainsi à la France un précieux exemple, au moment où s'affirme pour nous la nécessité d'abandonner des individualismes stériles, pour ne penser qu'aux groupements féconds, capables d'assurer à notre patrie, dans le domaine de l'agriculture comme dans celui de l'industrie, la place qui lui revient légitimement parmi les grandes nations du monde. Oui, messieurs, la solidarité et la coopération sont les formes d'activité d'aujourd'hui, les formes d'activité de demain ; elles possèdent en elles-mêmes une énorme puissance d'action, elles possèdent aussi une haute vertu morale : en elles sont contenues la plupart des solutions des problèmes économiques et sociaux qui nous préoccupent ; c'est d'elles que dépendent en partie notre relèvement et nos progrès. C'est pourquoi je vous loue d'avoir su si ingénieusement utiliser cette source nouvelle d'énergie, pour le plus grand bien de votre riche région, et pour l'avenir même de la France.

Messieurs, je vous propose de lever notre verre aux organisations mutualistes et syndicats agricoles du Jura, aux vaillants qui dirigent ces œuvres avec un inlassable dévouement, au département du Jura, avant-garde de la République et de la Mutualité.

M. Puis remet alors, au milieu des applaudissements de tous, les insignes d'officier de la Légion d'honneur à M. le marquis de Froissard, chevalier depuis 1870 ; puis il proclama les promotions et nominations suivantes :

Officier du Mérite Agricole

M. Antoine Lascoux, conseiller général.

Chevaliers du Mérite Agricole

MM. Arpin Alexandre, à Arbois ; Brune, à Arbois ; Mme Mouget, à Arbois ; MM. Réchon, à Saint-Cyr ; Savonnet, à Mathenay ; Chazerand, aux Planches ; Jallon, à Arbois.

Officier de l'Instruction Publique

M. Graby, maire, à Arbois.

Officiers d'Académie

MM. Constantin chef de bureau de la préfecture du Jura ; Lefort, à Arbois ; Tréant, à Arbois.

Médailles d'or de la Mutualité

MM. Gédéon David, à Champagnole ; Thiébold, à Poligny ; Laurioz, à Arbois ; Vernier Auguste, vice-président de la Société de secours mutuels des instituteurs du Jura ; Vincent Grille à Saint-Claude.

Médailles d'argent

MM. Brazier, à Lons-le-Saunier ; Leynaud, à Lons-le-Saunier ; Maders Alexis, vice-président de la Société de secours mutuels des instituteurs du Jura.

Médailles de bronze

Mlle Baudier, à Lons-le-Saunier ; M. Boisson, à Saint-Claude ; Mme Clerc, à Mouchard ; MM. Gasne, à Saint-Maur ; Gindre, à Orgelet ; Grélet, à Ruffey ; Lahu, à Chassal ; Légeron, à Poligny ; Martinet, à Poligny ; Michaud, à Onoz ; Vuillet, à Saint-Claude.

Mentions honorables

MM. Antoine, à Lons-le-Saunier ; Arbez, à Nozeroy ; Bailly, à Bellefontaine ; Bailly-Maître, à Lons-le-Saunier ; Chagrot, à Montigny-les-Arsures ; Froissard, à Cressia ; Gamonet, à Molinges ; Girard, à Dole ; Mlle Grandclément, aux Bouchoux ; MM. Henry, à Bellevoye ; Jeanguillaume, à l'Etoile ; Maître, à Bletterans ; Michel, à Morbier ; Putet, à Trenal ; Reverchon, à Ranchot ; Reverchon, à Poligny ; Ripotot, à Dole ; Mme Rochet, à Saint-Claude.

Visite de l'Hôpital

Le ministre et les personnalités officielles ont visité ensuite, sous la conduite de M. Graby, les différentes salles de l'hôpital, parfaitement tenues.

Pendant ce temps, le départ d'une course cycliste était donné, à 13 heures 45 ; puis, une fête sportive se déroulait au champ de Mars... Rallye pédestre, sports athlétiques qui obtinrent un grand succès.

A 16 heures, avec le concours de l'Harmonie « Les Enfants d'Arbois » ont eu lieu des jeux pittoresques ; course à la valise, au seau, au sac, mat de cocagne, et que sais-je encore Tous ces jeux particulièrement gais eussent déridés les moroses s'il s'en était trouvés.

Enfin la musique militaire a fait entendre, à 17 h. 30, un excellent concert qui recueillit d'unanimes et chaleureux applaudissements.

Manèges, cirques, attractions foraines de toute sorte complétaient toutes ces réjouissances.

Une brillante fête de nuit termina cette excellente journée, sous les feux multicolores des illuminations.

Imprimerie et Lithographie Louis Verpillat, Lons-le-Saunier

F. LEGRAND

IMPRIMEUR

MELUN (S.-ET-M.)